해야, 해야 울다가 잠든 네 얼굴

새근새근 숨소리도 입술 다물었네

새끼노루도 발자국 소리 안고 가고

머리맡에 앉아 은하가 노래를 불러주네
—「자정에」

서정시학 서정시 157

저녁의 배꼽

김수복 사행시집

서정시학

김수복

1975년 『한국문학』으로 등단.
시집 『지리산 타령』, 『낮에 나온 반달』, 『새를 기다리며』, 『또 다른 사월』, 『모든 길들은 노래를 부른다』, 『사라진 폭포』, 『우물의 눈동자』, 『달을 따라 걷다』, 『외박』, 『하늘 우체국』, 『밤하늘이 시를 쓰다』, 『슬픔이 환해지다』, 『고요공장』, 『의자의 봄날』 등.
편운문학상, 풀꽃문학상, 한국시인협회상, 김달진문학상 등 수상.
단국대 국문과, 동 대학원 문학박사.
단국대 문예창작과 교수, 단국대 총장 역임.
현 단국대 석좌교수, 한국시인협회 회장.

서정시학 서정시 157
저녁의 배꼽

2025년 4월 25일 초판 1쇄 발행

지 은 이 · 김수복
펴 낸 이 · 최단아
편집교정 · 정우진
펴 낸 곳 · 도서출판 서정시학
인 쇄 소 · ㈜상지사
주 소 · 서울시 서초구 서초중앙로 18, 504호 (서초쌍용플래티넘)
전 화 · 02-928-7016
팩 스 · 02-922-7017
이 메 일 · lyricpoetics@gmail.com
출판등록 · 209-91-66271

ISBN 979-11-92580-55-5   03810

계좌번호: 국민 070101-04-072847 최단아(서정시학)
값 14,000원

* 잘못된 책은 바꾸어 드립니다.

시인의 말

어느덧, 시들이 걸어온 길들을 앞에 앉혀 놓고
산문의 오솔길에서, 적요의 당신을 바라보고 있다.

을사년 삼월,
봄은 왔지만, 간절한 봄을 기다리며.

차례

시인의 말 | 5

1부

새벽길 | 17
흰 산 | 18
빈방 | 19
길이 길에게 | 20
생일 | 21
금산 | 22
밤길 | 23
섬 | 24
동백 | 25
산울림 | 26
감옥 | 27
죽림 마을에서 | 28
이슬 | 29
미소 | 30
비 갠 오후 | 31
입춘 | 32

2부

마음이 걸어가는 서쪽 | 35
두물머리 | 36
낮잠 | 37
뒤뜰 | 38
피리를 불며 | 39
호접몽 | 40
숭어들 뛰어오른다 | 41
고봉밥 | 42
메아리 부부 | 43
산방山房 | 44
돌을 얹는다 | 45
인연 | 46
구름학교 | 47

3부

국수의 저녁 | 51
감꽃 | 52
타오르는 혀 | 53
모닥불 | 54
오목 손 | 55
들풀 | 56
상림 생각 | 57
철야 | 58
무지개 눈뜰 때 | 59
먼 소식 | 60
거울 | 61
산사山寺 | 62
비밀 | 63
신발 | 64

4부

은하수 울고 가다 | 67

석양 | 68

빈집 | 69

변방邊方 | 70

자연인 | 71

난민 | 72

청춘 | 73

벽화의 겨울 | 74

가슴 둘레길 | 75

소를 찾아서 | 76

파장 | 77

감자꽃 | 78

5부

비탈길 | 81
나루터 | 82
저녁 바다 | 83
질문 | 84
귓볼 | 85
가랑비 | 86
유월 | 87
봉숭아 | 88
만찬 | 89
가을 편지 | 90
사랑채 | 91
독도 | 92

6부

경호강에서 | 95
펭귄 | 96
외지外地에서 | 97
밍크고래 | 98
운명 | 99
등燈 | 100
기러기 | 101
비목碑木 | 102
산문山門 | 103
중턱 | 104
마당 | 105
절명絶命 | 106
저녁의 배꼽 | 107
월동越冬 | 108
자정에 | 109
시인의 산문 | 적요의 중턱에서 | 110

저녁의 배꼽

1부

새벽길

울다가 웃다가 잠이 든 초승달아

커서 걸어가야 할 길 창창하다

해가 대문을 밀고 나와 눈인사를 보내니

산 넘어 마파람 소리 얼굴을 붉히는구나

흰 산

구름의 이마에는 적멸보궁

모든 침묵이 살아 숨을 멈추다

아무도 부를 수 없는 노래를 부르며

길들이 날개를 펴고 날아들다

빈방

꽃에 불이 켜졌다

흰 어둠이 달아났다

개울물이 흐르고

네가 웃고 나는 울었다

길이 길에게

갈래 갈래 갈렸다

아직도 더 멀리 더 멀리 가야지

청산 속으로 들어간 너를 잊지 않으려고

노래가 된 너를 잊지 않으려고

생일

당신은 히말라야로 떠났다

큰애가 저녁 어떻게 하느냐고

단풍과 백로와 억새와 석양이라고

밥상이 차려졌다고

금산

여기까지 왔나이다

울고 있는 사람들이 많다

왜 이리 먼 하늘은 사무치나이까

바위 속 아직 먹구름 가득하다

밤길

산문山門에서 많이 울었다

문 닫힌 골목에 주저앉아 있었고

시장길 지나고 산골물 건너왔다

노을 곁에서 눈뜨는 새벽도 보았다

섬

사람들이 격랑이었다

멀리 있는 청춘에게로 가서

자식들 얻어 낳고

잊지 않고 돌아오는 파도에 기대 산다

동백

지난해 남쪽에서 올라온 동백

선잠에 깨어나 칭얼대는 꽃봉오리야

중천에 오른 해를 보아라

만리 창창 향기는 언제 오는가

산울림

메아리 멀리 가서 봄바람 만나

골짜기 빈방에서

산골물 만나

뻐꾸기 함께 울다가 지쳐서 잔다

감옥

사랑이야 사랑이야,

햇빛도 들지 않는 사랑을 또 외친다

하늘 우물 밑바닥에 가서

새야, 새야, 다시 울어 다오

죽림 마을에서

새벽닭 울음소리가 목이 길다

해변의 머리맡에까지 가서 울고

목젖이 찰삭 찰삭 걸어오는

먼바다에 나가서도 울고 있다

이슬

지게를 내려놓고 할아버지는

열 살 내게 말했었다

콩꽃에 올라앉아 가슴을

베이고도 울지 않았느니라

미소

거제 앞바다 파도가 들고 올라온

그 꽃 멍게 웃음 한 다발 속

웃어본 날이 없던 먼바다도

활짝 핀 장미꽃 들고 웃는다

비 갠 오후

한 잎 꽃을 내려놓는다

앞산 고요가 울음을 그치고

속웃음을 맑게 개니

뒷산이 더욱 달아올랐다

입춘

가지 끝에서 입들 한 목소리로 물들어

연두의 나팔을 불고있다

살기 위해 비굴하지 않겠다고

장엄한 결사항전 태세다

2부

마음이 걸어가는 서쪽

가슴을 열었다 접었다 한다

햇살이 밭고랑 사이를 왔다 갔다

가랑비가 뒷산 멧비둘기 울음을 적시는

초여름 저녁 먹고 자러 간다

두물머리

갈라서는 일 두려워 말라

분란을 일으키러 왔다

서로 부딪치고 싸워서

앞동무 뒷동무 어깨를 에워싸고 가라

낮잠

보슬비가 잠결에 빠져 있다

늦게 일어난 해를 기다리다가

네가 떠난 줄도 몰랐다

소식도 없이 목련이 떠나갔다

뒤뜰

햇빛의 발자국 소리 점점 멀어진다

소식이 끊긴 지 오래다

빗소리에 손을 뻗쳐도

마음이 따라가 닿지 않는다

피리를 불며

칠흑의 어깨가 들썩인다

풀잎보다 격렬하다

백번 죽었다가 살아나는 웃음을 참고

은하수가 눈을 뜨고 우는 밤

호접몽

그 나비들은 어디로 갔을까

70년대 중반

전세방이 철거된 꿈결에서도

낭떠러지들 날아올랐다

숭어들 뛰어오른다

한 번도 갈채를 받아본 적이 없는

썰물이 지나간 박수의 그늘

밀물이 들어와 솟구치는 광장에

은막이 내렸다

고봉밥

가끔 눈물을 흘리고

가슴이 끓어오르기도 했던 언덕

보리밭 풍금 소리가

푸른 하늘도 삼켰었다

메아리 부부

얼른 나가 봐요, 누가 오잖아요

멀리 죽을힘을 다해 산 너머

앞산에게 운명을 걸어놓고

구름을 싣고 가는 나그네가 있었다

산방 山房

배롱나무 웃음을 물고 있다가

살살 엉덩일 간지럽히는 수련에게

구름 속 땡볕 치마를 덮어 씌우고

웃음은 깨가 튀는 방안을 뒹굴고 있다네

돌을 얹는다

탑립마을 지나다 돌이 되었다

하늘로 가는 탑이 되어주지 못했던

중천의 한복판에서 나에게 던졌던 돌

이제야 중천의 가슴에 올려놓는다

인연

냇물을 기다리는 바다처럼

천년이 살아가는 숲길처럼

고택을 연모하는 햇살처럼

보슬비를 기다리는 누각처럼

구름 학교

보슬비 가랑비 소낙비

뒤꿈치 들고 뛰어다닌다

여귀산 구름들

아직 교문 밖에서 발을 동동 구른다

구름 학교

보슬비 가랑비 소낙비

뒤꿈치 들고 뛰어다닌다

여귀산 구름들

아직 교문 밖에서 발을 동동 구른다

3부

국수의 저녁

이팝꽃이 환하게 웃는 막다른 골목

시냇물이 일렁이며, 반짝이며 살아간다

눈이 퀭한 바람이 헐떡이며 지나가고

바지랑대에 말라가는 저녁이 왔다

감꽃

모란이 늙어가니

감꽃이 다가온다

눈웃음이 마주치니

사립문 밖 나무그림자 눈을 감는다

타오르는 혀

네가 말을 걸어올 때마다

나는 죽을 것 같아

심장이 수평선에 빠져

석양은 말이 없었다

모닥불

사랑 노래 부르면 등이 차가웠다

모랫벌에 추억들 모여 앉아서

먼 산 오르는 길 바라보다가

너의 곁에서 차가운 물소리를 듣는다

오목 손

먼 산을 불러 세우니

산 넘어 구름도 되돌아온다

밀밭 긴 사래 휘파람 손들이

하늘의 머리채를 휘어잡았다

들풀

등짝을 두들기는 소나기

나도 죽도록 슬프다

번개가 스쳐 가는

한 줄기 오솔길 눈 뜨고 울었었다

상림 생각

빗줄기가 국수 가락 같았던

저녁 연기는 더욱 매웠다

그런 날 밤이면 상림 숲속

상사화 얼굴이 보름달이었다

철야

옆집 나팔꽃도 입을 다물었다

해가 저물어 문을 닫는다

나비 한 마리 지친 문을 두드린다

새벽까지 두드린다

무지개 눈뜰 때

사랑이 그리 쉽게 오더냐

용솟음치는 절벽

꽃 피는 너도 멀다

폭포 소리 발바닥이 차다

먼 소식

웃음소리가 죽었다

가슴이 텅 비어가는 앞 바다

찰랑대던 너희 어디 있는가

어디에 살아는 있는가

거울

흘러가는 강물 바닥에

얼굴이 보이지 않는

부끄러워라 나의 꽃이여,

눈을 떠도 보이지 않는 누이여

산사 山寺

풍경 소리도 모두 비우고

미소의 그릇도 비어 있네

뒤란 그늘도 거두어서

단풍은 동안거 들어갔는가

비밀

두드려라 열리지 않는

계곡은 계곡끼리

절벽은 절벽끼리

깨어 보아라 잠든 초승달

신발

길이 자꾸 비뚤어지잖아

똑바로 가라 했잖아

폭풍우가 지나갔다

섬돌 위 닳은 코를 바라본다

4부

은하수 울고 가다

잊히었던 친구가 생각난다

돌담을 넘어 보름달이 기웃거리듯이

냇가에 앉아 달빛이 얼굴 대어보듯이

숨이 차오르게 한밤이 지나갔다

석양

적막에게 적막의 후손들이

희망에게 희망의 후손들이

독약의 잠에 빠지지 않기를 비는

밤을 기다린다

빈집

달의 사립문이 왜 흔들거리지

아랫마을 새벽 개가 짖는구나

그믐날 달빛이 비치니

마당가 회화나무 밖을 내다본다

변방邊方

비구름 오르락내리락 연잎 마음속

고추잠자리가 앉았다 간다

아버지는 소식도 없어

비의 장례식이 지났다

자연인

무지개를 키우는

산할아버지가 살았다

사람들 사이에

무지개를 걸어놓고 사라졌다

난민

집을 비워주었다, 딱새에게

포탄을 맞았다, 양털구름

살아 돌아오니 딱새는 날아갔다

산수국이 지천으로 피어올랐다

청춘

졸참나무 가슴 피끓는 소리 푸르다

햇살이 들지 않아도 아늑한

길이 없어도 두렵지 않은

눈물 젖은 울창한 함성이 있다

벽화의 겨울

벽 속으로 군중들이 쳐들어와

폭탄이 터지고

동굴 안은 적막의 생가

개울물이 눈을 비비고 흘러나왔다

가슴 둘레길

변방을 떠돌았다

웅크리고 있는 골목들

여우비가 지나가고 흰 고양이가 돌아오는

빗소리는 왜 그리 캄캄했던가요

소를 찾아서

해의 꼬리를 잡고

길이 길을 따라다녔다

칠흑 같은 환한 길

아이를 찾아다녔다

파장

오전에 피었다 졌다

진도 조금 오일장

중년을 넘어서는 저녁달의

다문 입을 쳐다보고 있다

감자꽃

불 밝힌 감자밭을 지나

땅속 잠든 해를 품고

가도 가도 끝없는 이랑 사이로

숨을 죽이고 달빛이 지나다녔다

5부

비탈길

저녁이 되자 비가 내렸다

갈 길들 비켜갈 수 없는

사람과 사람 사이

뱀처럼 싸늘했다

나루터

모든 기억에는 푸른 바람이 불고

가슴이 조이는 강물

희망은 말없이 오고

떠나가버린 배를 기다린다

저녁 바다

북촌 계동 등불 켜지는 밀물의 바다

고래가 고래에게 말을 건다

입을 꼭 다무는 저녁의 골목

사람을 등에 업고 언덕을 올라간다

질문

함성이 자자하다

꽃봉오리가 문이 열리지 않는지

겨울 바람이 저만치 서 있다

광장은 참선 중이다

귓볼

맨드라미가 귀를 씻는다

하늘이 청청

발자국 소리 들려왔다

고추잠자리 다가와 앉는다

가랑비

바람이 불어도 슬프고

애가 탄다

자손이 없으니

이제 물려줄 구름도 없다

유월

흰 나비가 유리창에 미끄러져 내리니

먼 파도랑 수국이랑

이리저리 서로의 물결이 되어

수심도 모르는 그늘이 된다

봉숭아

시화박물관 시에그린 앞

시를 악물고 있는 봉숭아꽃들

바람이 단칸방 문을 두드리니

씨가 익어서 시가 터져나왔다

만찬

저녁이 되자 백로들 둘러앉아

두런두런 펼치는 이야기

자리를 이리저리 옮겨 와서는

저녁 해가 지어낸 밥상에 앉았다

가을 편지

여보, 어서 오시게

힘든 세상 이제 건너 왔으니

하늘이 청명하지요

푹 쉬구려, 이제 내가 물들테니

사랑채

잎은 아직도 적막의 사원

어느 전설에 꽃은 피려나

이승을 건너와서

이슬은 사랑채가 된다

독도

고독이 고독을 불러내어 사람이 되고

기쁨이 기쁨을 불러내어 바람이 되고

파도가 파도를 불러내어 노래가 되고

천년이 천년을 불러내어 나라가 되네

6부

경호강에서

눈발이 힐끔힐끔 다가오는 저녁

어머니는 어디 계실까

강물의 눈자위가 뭉클거린다

거슬러 오르는 계곡은 잘 지낼까

펭귄

어깨를 에워싸고 죽음을 껴안고

봄은 다시 오리라

살얼음 가슴도 함께 나누는

그 먼 당신의 품속으로 간다

외지外地에서

녹음이 즐거운 감옥이다

맨발로 걸어온 울퉁불퉁한 노래

양지에 걸터앉은

오솔길 사이를 걸어간다

밍크고래

어머니 구순을 맞았다

함께 나란히 걸어보지 못한 한평생

바닷속 섬으로 솟았다가

산길 넘어 밍크 구름을 따라다닌다

운명

메론 향 구름을 보았나요

뭉게뭉게 언덕들이 떠올랐지요

노래가 서툰 돌고래 섬도

덩실덩실 춤을 추었지요

등燈

미워하지 않기로 했다

너무나 멀리 있는

어둠 속에 어둠이 매여있을 때

네 안에 해가 걸어갔던 거야

기러기

울고 싶으면 펑펑 울어라

골방에서도 울고

장독대 뒤에서도 울고

오동나무 아래서도 눈 오듯이 울어라

비목 碑木

햇빛이 잘 드나드는 말과

바람이 잘 통하는 가락과

며칠 굶어서 잠든 밥과

다시 읽지 않아도 될 사막이라도 좋다

산문山門

인적이 드문 해를 지고

살아나온 사람도 없었다

무겁고 검게 살았던

꼭 다문 입을 열고 들어간다

중턱

골짜기가 말했다

미소 아래 구름이

품 안으로 들어온다고

마중 나와 안아주는 오솔길 살고 있다고

마당

하루 하루 목이 떨어진다

목련꽃 속에 살던 휘파람

잠결에도 목이 메는지

오지 않는 봄의 혼례식을 올린다

절명 絶命

시인의 절명은 죽음이 아니다

겨울의 노래 끝나니 봄이 노래 부르듯이

인동 지고 매화 오듯이

열매의 머리 위에 꽃이 앉아 있듯이

저녁의 배꼽

평생 걸어온 길 막다른 몸속

지는 해를 어디에 내려놓을까

새벽이 올 때까지

가슴 아래 담아 두어야겠다

월동越冬

하늘로 가신 지 소식 없는 아버지

가시는 길목마다 눈발 글썽글썽했으리

생일 선물이라고 안고 환하게 웃던

뒤뜰 설화가 간밤에 피어서 웃는다

자정에

해야, 해야 울다가 잠든 네 얼굴

새근새근 숨소리도 입술 다물었네

새끼노루도 발자국 소리 안고 가고

머리맡에 앉아 은하가 노래를 불러주네

시인의 산문

적요의 중턱에서

*

 뒤돌아보니 어릴 때 지리산 왕산 아래나, 필봉산 중턱 인근으로 땔감을 구하러 오르내리던 양지가 시의 자리였구나, 하는 생각이 든다. 힘에 겨운 망태기를 내려놓고 햇볕에 걸터앉아 있으면 지게 장다리에 흥이 실리고 시린 세월도 조금은 따뜻해지곤 했다. 이른 아침 양재천을 걸어 나오는 천변 양지바른 바위 위에서 물끄러미 물속을 들여다보고 서 있는 왜가리를 바라보며, 시의 자리가 어린 시절 그 자리였으리라는 생각이 드는 것은 왜일까.

*

 시적 영감은 늘 '길 위'에서 왔다. 자연 속에 스며든

역사적 상흔의 이야기들이 체화되어 길 위에 스며있었다. 시에 눈을 뜨면서 이러한 자연과 역사에 결부된, 서정과 서사가 한 몸이라고 주문처럼 유년의 경험들이 스며들었다. 어른들이 주고받던 빨치산 일화들, 함양·산청 양민 학살 사건의 뒷이야기들도 어둠처럼 깔려있었다.

길 위에 펼쳐지는 생각들이 길 위의 풍광과 마주치면서 강렬한 스펙트럼의 이미지가 되고, 상징화되어 시가 되었다. 길 위에서 맞이하는 생각과 느낌들이 비유적으로 사물화되어 시가 태어나는 희열을 안겨주었다.

*

양지를 떠난 온 지 60년 남짓 흘렀고, 시가 나를 이끌어 온 지도 쉰 해가 되었다. 그간 써온 시의 행간마다 유년 시절 지리산 아래 산골의 길들이 걸터앉아 있다. 동네 골목길들, 산속으로 들어가는 오솔길들, 천변의 냇물 소리, 망연히 서 있는 저녁 등대, 해질 무렵의 석양에 물든 길이 내 시의 어머니였고 지리산 왕산 아래 유년 시절에 뛰어다녔던 산길이 내 시의 모태였던 것이다.

왕산 중턱의 홍과, 힘겨움을 따뜻하게 일으켜주었던 양지의 파동이, 양재천변 차가운 물살을 감내하며 서 있는 왜가리의 눈에 비치는 햇살에까지 이어져 시의 파동을 일으키고 있는 셈이다.

*

 지난해 8월 남도의 끝, 진도 〈시에그린 시화 박물관〉 창작 작가실에서 스무날 가까이 지내다 올라왔다. 그동안 미루어 두었던 '자연을 마음껏 누리기' 위해 주문진에서 '한 달 살기', 경주에서 '보름 살기'도 하였다. 마음속에 가라앉아 있던 시적 영감을 되찾는 '현장 경험'에 집중하기 위해, 수평선 의자에 앉아 한없이 바다 저편의 먼 내일을 바라보았으며, 경주 대릉원, 남산, 황룡사, 기림사, 감포 감은사, 무열왕릉 등 고적을 두루 다니면서 신화적 풍경들을 마주하면서 먼 과거 〈삼국유사〉의 시적 영혼의 포로가 되었었다.

*

 시가 써지지 않을 때 생각과 느낌이 이끄는 대로 따라다닌다. 이 이끌림을 그리움의 힘, 사랑의 힘, 세상에 대한 연민이라고 믿는다. 이 절대적인 힘이, 언어와 언어, 생각과 생각, 감정과 감정, 경험과 경험을 서로 싸

우게 하고 화해하게 하여 시로 태어나게 하는 양자$_{量子}$의 힘이라고 속삭인다.

*

  이제 연민에 이끌려 온 내 시의 길들도 산문에 들어섰다. 산문에 걸터앉아 시들이 걸어온 길들이 노래를 부르며 날아드는 적멸보궁을 바라본다.